Color: Demian Aiello
Compaginación: El Ojo del Huracán®

© 2001, 2005 *by* Fernando Sendra: interior y tapa
© 2001, 2005 *by* Buenos Días S.A.

Lavalle 1634 - 3° G
C 1048 AAN Buenos Aires, Argentina
Tel.: +5411-4374-1456
Fax: +5411-4373-0669
E-mail: granica.ar@granicaeditor.com

ISBN: 987-98143-8-X
Hecho el depósito que marca la ley 11.723
Impreso en Argentina. *Printed in Argentina*

Sendra, Fernando
    Yo, Matías n° 9 - 1a ed. 1a reimp. - Buenos Aires: Buenos Días, 2005.
96 p. ; 20x14 cm.

ISBN 987-98143-8-X

1. Historieta. I. Título.
CDD 741.5

4

¿Y? ¡TE GUSTA MI MALLA? ¡TIENE BOMBACHA Y CORPIÑO! ¿CORPIÑO? ¿POR QUÉ?

LAS MUJERES USAN CORPIÑO... ¡LAS AMIGAS NO USAN CORPIÑO!

ES COMO SI YO USARA ALGO RIDÍCULO... A VER... ¿QUÉ PUEDE SER? ES COMO SI YO USARA... ES COMO SI YO USARA...

SÍ, ESO... ¡ES COMO SI YO USARA CORPIÑO!

¿TE DAS CUENTA, MATÍAS..? ¡YA TENGO MALLA CON CORPIÑO!

¿TE PARECE QUE PODRÍA SER UNA CHICA DE ALMANAQUE?

¡CLARO! ¡LOS ALMANAQUES TAMBIÉN SON CHATOS!

UGH... ¡ODIO LAS COMPARACIONES!

7

9

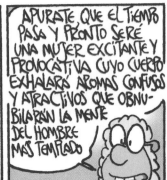

A VER, MATÍAS... ¿LÁPIZ?

TENGO

¿CUADERNO?

TENGO

¿GOMA?

TENGO

¿CARTUCHERA?

TENGO

¿LAPICERA?

TENGO

¿REGLA?

TENGO

¿ALFAJORCITO?

TENGO

¿SACAPUNTAS?

TENGO

MUY BIEN, MATÍAS... YA ESTÁS LISTO PARA EMPEZAR UN AÑO CON LA CERTEZA DE QUE EL ESFUERZO VALDRÁ LA PENA

¿CERTEZA DE QUE EL ESFUERZO VALDRÁ LA PENA?

SÍ, MATÍAS

¡UY..! NO TENGO

ESTOY LISTO PARA EMPEZAR LA ESCUELA, MÁ... ¡MIS LÁPICES TIENEN PUNTA!

MI MOCHILA ESTÁ IMPECABLE

...Y MI GUARDAPOLVO ES NUEVO ¡YA ME PUEDO IR!

ESO SÍ... ¡SI LA MAESTRA ME DA UN BESO, ALEGO ACOSO SEXUAL Y ME VUELVO!

© SENDRA

BATÍ EL RECORD, MÁ... ¡SOY EL ALUMNO QUE MÁS VECES PIDIÓ "PERMISO" EN UNA HORA! ¡37 VECES! ¡TODOS ME APLAUDIERON!

EL RECORD ANTERIOR ERA DE 35 VECES Y HACÍA 22 AÑOS QUE NO CAÍA

¡AH...! Y PARA COMER QUIERO 100 GRAMOS DE CARNE, FRUTA, VERDURA, UN YOGUR, Y SUFICIENTES HIDRATOS DE CARBONO

DEBO CUIDAR MI ESTADO FÍSICO... ¡AL PEDIR EL "ÚLTIMO" PERMISO" CASI ME DESGARRO EL TRÍCEPS!

MATÍAS...
¿QUÉ, SEÑORITA?
NO COMAS CHICLE

NO ES UN CHICLE, SEÑORITA... ES MI "AIR-BAG"... ¡EL "AIR-BAG" ES UN SISTEMA AUTOMÁTICO QUE SE INFLA CUANDO UNO SE ESTÁ POR HACER BOLSA!

AHÁ... ¿Y SI YO TE DIGO QUE HOY HAY PRUEBA?

SE NOS INFLAN LOS "AIR-BAG" A TODOS LOS QUE NOS ESTAMOS POR HACER BOLSA

MUY BIEN, CHICOS...
LES VOY A TOMAR PRUEBA
¡SAQUEN UNA
HOJA!
¿ALGUNA
PREGUNTA?

¿CUADRICULADA, LISA,
DE PAPEL GLACÉ, CANSON,
DE AFEITAR, DE ÁRBOL,
DE CALCAR,
O DE ALMANAQUE?

UNA HOJA
COMÚN,
MATÍAS

¡OH, DIOS MÍO!
JUSTO DE ESAS
NO TRAJE

YO NO TENGO HOJA, SEÑORITA!...
¿PUEDO HACER LA PRUEBA
EN UNA HOJA
CUADRICULADA?

NO, MATÍAS...¡LA
HOJA TIENE QUE
SER BLANCA
CON RENGLONES,
PARA CARPETA
NÚMERO
TRES

¿TRES, SEÑORITA?

SÍ, MATÍAS...
¡TRES!

¡UGH! ¡PARECE QUE
LAS HOJAS YA VIENEN
CON LA NOTA
PUESTA!

23

MATÍAS... ¿HASTA CUANDO PENSÁS TENER ESE TATUAJE?

¡PARA SIEMPRE, MÁ!

AHHH... ¡QUÉ BONITO! ESE PATO QUE TIENE TU OMBLIGO JUSTO ABAJO DE SU COLA Y PARECE QUE EL PATO PUSO UN HUEVO

¿TE IMAGINÁS CUANDO SEAS GRANDE Y TU OMBLIGO SEA PELUDO LO QUE VA A PARECER?

SÍ...

UN HUEVO DE MONO, SUPONGO

¿Y QUÉ HAY SI TENGO UN TATUAJE, MÁ? ¿ACASÓ ESTÁ MAL QUE YO TENGA MIS PROPIOS GUSTOS?

TENÉS RAZÓN, MATÍAS... YO TAMBIÉN ME VOY A HACER UN TATUAJE EN LA COLA. ¡HACE RATO QUE TENGO GANAS!

¡EHHH, MÁ! PERO NO ES LO MISMO EL PECHO QUE LA COLA!

¿POR QUÉ NO? TU PECHO ESTÁ A LA ALTURA DE MI COLA... ¡Y NO ME HAGAS RECORDAR!

¿QUÉ COSA?

QUE TU PECHO SUBE, Y MI COLA CAE

24

LAS MÁSCARAS DE BARRO SON FUNDAMENTALES, MATÍAS

NO TE OLVIDES DE QUE CON EL BARRO SE HACE LA PORCELANA, Y ENTONCES UNA PUEDE TENER UN CUTIS DE PORCELANA

¡ESO ES LO QUE ME REVIENTA DE LOS HOMBRES! ¡SÓLO HAY UNA FORMA EN QUE RECONOCEN A LA BUENA PORCELANA!

¿CÓMO MA?

TE MIRAN ATRÁS... ¡Y LISTO!

¿VES, MATÍAS? AHORA ME SACO LA MÁSCARA DE BARRO

...Y COMO LA PORCELANA SE HACE CON BARRO, ME QUEDA UN CUTIS DE PORCELANA

¡Y ESO ES BUENO...! ¿NO ES CIERTO, MA'?

MÁS O MENOS, MATÍAS

A MI EDAD NADIE LLEGA CON LA VAJILLA COMPLETA

25

26

¡MIRÁ, MATÍAS!

LA ABUELA TE TRAJO UN HUEVO DE CHOCOLATE, UN CONEJO DE CHOCOLATE, UNA GALLINITA DE CHOCOLATE, Y UNA TORTUGA DE CHOCOLATE

¿QUÉ DECÍS, MÁ? ÉSA ES MI TORTUGA VERDADERA

¡UY, MATÍAS! ¡TENÉS RAZÓN! ¡PERO CUANDO LA MOVÍ TENÍA RUIDITO A CONFITES..! ¿QUÉ SERÍA?

SEÑORA... POR LA FORMA EN QUE ME SACUDIÓ, PUDIERON SER MIS TARJETAS DE CRÉDITO, MIS PÍLDORAS DE ALOE VERA, O MIS CÁLCULOS BILIARES

ES INCREÍBLE LA CANTIDAD DE PERSONAJES QUE PUEDO HACER CON UNA TOALLA

¡NERÓN..!

...LAWRENCE DE ARABIA...

...FERNANDO, EL CATÓLICO...

...RIN TIN TIN

EL CAMPEÓN MUNDIAL DE AUTOMOVILISMO TOMA LA RECTA A TODA VELOCIDAD CON SUS PELOS AL VIENTO

AL LLEGAR A LA CURVA SU CABELLO SE ONDULA Y SE REVUELVE CON GRACIA

¡MATÍAS! ¡NO TE OLVIDES DE SECARTE BIEN LA NUCA!

A TODA VELOCIDAD, EL CAMPEÓN MUNDIAL VUELVE MARCHA ATRÁS A BUSCAR EL CASCO QUE SE HABÍA OLVIDADO

PARA LOGRAR UN PEINADO ORIGINAL SOLO HACEN FALTA UN SECADOR... UN PEINE...

...Y BASTANTE TIEMPO

¡MATÍAS! ¡SALÍ DEL BAÑO O TIRO LA PUERTA ABAJO!

HE AQUÍ UN PEINADO ORIGINAL

35

¡BASTA, MATÍAS! ¡NO SIGAS BUSCANDO MALAS PALABRAS EN EL DICCIONARIO!

¿POR QUÉ, "NO"?

PORQUE SI NO, TE VOY A DAR UNA PATADA EN EL QUE TE DIJE. ¿SABÉS LO QUE ES EL QUE TE DIJE?

NO, PERO LO BUSCO EN EL DICCIONARIO A ESE "QUETEDIJE"

DEBE ESTAR DESPUÉS DE "QUEMIMPORTA" Y ANTES DE "QUETERRECONTRA", ME PARECE

¿QUÉ HACÉS, MATÍAS?

ESTOY JUGANDO CON TU VIBROMASAJEADOR FACIAL A QUE SOY UN DOMADOR

¡MI POTRO ESTÁ DESBOCADO! ES UNA BESTIA INDÓMITA QUE SALTA LANZANDO ESPUMA POR SU BOCA. SUS BABAS SALPICAN A DIESTRA Y SINIESTRA, MIENTRAS SUS OJOS ESTÁN INYECTADOS EN SANGRE Y EL SUDOR CHORREA HASTA SUS ASQUEROSAS FAUCES

BASTA, MATÍAS... ¡MI MASAJEADOR FACIAL ES PARA LOGRAR UN CUTIS TERSO Y SUAVE!

... ADEMÁS EL CUTIS DE MI POTRO ES TERSO Y SUAVE

MA:... ¡NO LO PUEDO PARAR! ¡MI CABALLO ESTÁ DESBOCADO!

BASTA, MATÍAS... ¡ESO NO ES UN CABALLO DESBOCADO, ES MI MASAJEADOR FACIAL!

¡SI LO USARAS EN TU CARA, COMO CORRESPONDE, NO ESTARÍAS COMO EN UN CABALLO DESBOCADO! ¿ENTENDISTE?

SÍ, MA...

¡MALDICIÓN! AHORA ESTOY COMO EN UNA CARA DESBOCADA

MATÍAS... ¿QUÉ HACÉS CON MI MASAJEADOR FACIAL?

ME MASAJEO MIENTRAS ESTUDIO HISTORIA ARGENTINA

¿Y PODÉS LEER BIEN CON TANTA VIBRACIÓN?

SÍ, MA... ¡MIRÁ!

EL 25 DE MAYO SAN MARTÍN CRUZÓ LAS ESCARAPELAS MONTADO EN FRENCH Y BERUTI QUE REPARTÍAN CORDILLERAS DE LOS ANDES MIENTRAS A LAS DAMAS MENDOCINAS LES LLOVÍA UN CABALLO BLANCO

MATÍAS... ¡ESO NO SE ENTIENDE!

DEBE SER POR ESO QUE EL PUEBLO QUIERE SABER DE QUÉ SE TRATA

43

TENGO TARJETA DE CRÉDITO

CON ELLA, EN CUALQUIER LADO PUEDO COMER, DORMIR Y REÍR

HOY ME LLEGÓ EL RESUMEN

ME QUITÓ LAS GANAS DE COMER, NO PUEDO DORMIR Y ME PUSE A LLORAR

TENGO TARJETA DE CRÉDITO... PASE DE CAJERO AUTOMÁTICO... IDENTIFICACIÓN DE LA ASOCIACIÓN PSICANALÍTICA...

CÉDULA DE IDENTIDAD... CARNET DE CONDUCTOR... MI DIRECCIÓN... MI TELÉFONO... IDENTIFICACIÓN DE MUTUAL... CARNET DEL CLUB...

...Y LO MÁS IMPORTANTE... ¡UNA FOTO DE MI MAMÁ! ¡PARA ELLA NO SOY UN NÚMERO, SOY UN HIJO!

¡EL PRIMERO!

MI MAMÁ SIEMPRE ME DECÍA: "PONETE UN SAQUITO, NENE"

PERO GRACIAS A FREUD Y AL PSICOANÁLISIS YO CORTÉ LA RELACIÓN DE DEPENDENCIA CON MI MAMÁ, Y YA NO LE HAGO CASO.

COMO DIRÍA FREUD: "SI QUIERE QUE SE LO PONGA ELLA AL SAQUITO"

PARA MÍ QUE "FREUD" QUIERE DECIR "FRÍO" EN ALEMÁN

SENDRA

EN PSICOANÁLISIS HAY DOS GRANDES GRUPOS DE PACIENTES: LOS QUE HACEN DIVÁN Y LOS QUE HACEN GRUPO

¡Y TODOS TIENEN PROBLEMAS CON EL SEXO!

ES LÓGICO... ¡CÓMO NO VAN A TENER PROBLEMAS CON EL SEXO!

¡SI EL SEXO ES HACER DIVÁN EN GRUPO!

45

48

FREUD DICE QUE TODOS LOS PROBLEMAS SON DE ORIGEN SEXUAL

MI VIEJA, EN CAMBIO, DICE QUE TODOS LOS PROBLEMAS SON POR NO ABRIGARME

YO LES CREO A LOS DOS Y ME ABRIGO EL SEXO USANDO CALZONES DE LANA. ¡POR ESO ES QUE ANDO EN PATINES!

SI CAMINO ME PASMO

TODAS LAS COSAS SON SÍMBOLOS SEXUALES... ¡LAS CUCHARAS, POR EJEMPLO, SON UN SÍMBOLO FEMENINO! ¡SUAVES... CÓNCAVAS... ONDULADAS...

EN CAMBIO EL CUCHILLO ES UN SÍMBOLO MASCULINO ¡AGRESIVO... PENETRANTE... PELIGROSO...

Y DESPUÉS ESTÁ EL CASO DEL TENEDOR, QUE HACE PAREJA CON EL CUCHILLO Y DEL QUE YA CONOCEMOS SU CURIOSA SITUACIÓN

ES TRAVESTI

©SENDRA

©SENDRA

49

MA... ¡EN EL BORDECITO DEL SILLÓN ENCONTRÉ UNA MONEDA!

TE FELICITO, MATÍAS

TAMBIÉN ENCONTRÉ UNA CUCHARITA, UN HUESO, UN BOTÓN, UNA PATILLA DE ANTEOJO, UNA LAPICERA, UN LLAVERO, UN CAROZO, UNA PINZA PICO DE LORO Y UNA BOMBACHA

MUY BIEN... ENTONCES HACÉ COMO TE ENSEÑÉ ¿TE ACORDÁS?

CLARO, MA... ¡LO QUE NO SIRVE LO TIRO A LA BASURA...

... Y DESPUÉS, CON LA PICO DE LORO GUARDO LA BOMBACHA

¿QUÉ HAGO CON ESTA BOMBACHA, MA?

DEJALA AHÍ, NOMÁS...

SE ME PERDIÓ EL MISMO DÍA QUE LA COMPRÉ... ¡LA BUSQUÉ POR TODAS PARTES!

¡VOLVÍ A VARIOS NEGOCIOS DE LA CUADRA A PREGUNTAR SI AHÍ ME HABÍA OLVIDADO LA BOMBACHA!

¡OH, DIOS! ¡QUÉ PAPELÓN! ¡ESPERO QUE ASÍ NO ME RECONOZCAN EN EL BARRIO

51

¡MÁ! ENCONTRÉ MÁS COSAS EN EL BORDECITO DEL SILLÓN! ¡YA CASI PUEDO PONER UN KIOSQUITO!

APARECIÓ UN BOMBÓN, UN PEDAZO DE CHOCOLATE, UNA PASTILLA, UN CHICLE, Y UN CARAMELO... ¿QUERÉS JUGAR AL KIOSCO?

PARÁ, MATÍAS... ¡LO QUE YO NECESITO ES TRABAJAR UN POCO Y PONERME LAS PILAS!...

COMO NO, SEÑORA

¿PILAS GRANDES O PILAS CHICAS?

EN LOS BORDECITOS DE ESTE SILLÓN HAY DE TODO, MÁ...

ENCONTRÉ UNOS DOCUMENTOS TUYOS DE HACE DIEZ AÑOS

¡NO SON NORMALES COMO LOS QUE TENÉS AHORA!

¿Y CÓMO SON?

ESTOS SON JUSTO AL REVÉS

AQUÍ VOS SOS LA JOVEN Y ELLOS SON LOS ARRUGADOS

DALE, MÁ... ¡SIGAMOS CON EL TEST!

PREGUNTA 2: SI VIAJARAS EN EL TITANIC Y VIERAS UNA COSA BLANCA, PENSARÍAS QUE ES: A) UN TAPADO DE VISÓN B) UN ICEBERG C) UN LAVARROPAS

AY, MATÍAS... ¡A VECES SIENTO QUE YO SOY EL TITANIC Y QUE LA REALIDAD ES EL ICEBERG... ¡Y YO SOÑABA CON TAPADOS DE VISÓN Y AHORA TRABAJO DE LAVARROPAS!

NO SÉ POR QUÉ, PERO PRESIENTO QUE LA FRASE "¡A LOS BOTES!" FLOTA EN EL AIRE

AHÍ VA OTRA PREGUNTA PARA EL TEST, MÁ... ¡SUPONETE QUE VES UN OSO CERCA TUYO...!

¿EN QUÉ PENSÁS PRIMERO? A) EN CORRER B) EN REZAR C) EN ESCONDERTE D) OTRA ACTITUD

¡MATÍAS...! ¿QUÉ CUERNOS HACE TU OSO ADENTRO DE LA HELADERA? ¡TE VOY A METER LA ENSALADA DE FRUTAS ADENTRO DE TU CAMA, A VER QUE TE PARECE!

CREO QUE METER UNA ENSALADA DE FRUTAS ADENTRO DE UNA CAMA PODRÍA DEFINIRSE COMO "OTRA ACTITUD"

MA'... ¡TRAJE UNA PIZZA GRANDE DE MUZZARELLA!

SE ME CAYÓ EN LA CALLE, DESPUÉS UN TAXI LA PISÓ Y YO LA JUNTÉ EMPUJÁNDOLA CON LA PUNTA DEL ZAPATO QUE ESTABA MUY CALIENTE

¿Y AHORA CÓMO ESTÁ?

FRÍA

CREO QUE SE MURIÓ

¿Y? ¿QUÉ HAY DE COMER, MA'?

A ESTA HORA, SÓLO HAY COMIDA RÁPIDA

¿CÓMO QUÉ?

Y, MIRÁ... YO ME ESTOY COMIENDO LAS UÑAS

¡OH...DIOS! NO SÉ SI LA COMIDA SERÁ RÁPIDA, PERO A MÍ ME VINIERON GANAS DE SALIR CORRIENDO

58

66

¡MATÍAS! ¡NO PUEDE SER QUE VENGAS DE LA CALLE HECHO UNA MUGRE! ¿A DÓNDE TE HABÍAS METIDO?

ME SUBÍ AL ÁRBOL DEL VECINO Y JUGÁBAMOS A QUE ERA UNA NAVE ESPACIAL

¡BASTA MATÍAS! ¡NO MIENTAS MÁS!

A ESE ÁRBOL YO LO CONOZCO PERFECTAMENTE DESDE CHIQUITA, ASÍ QUE NO ME VENGAS AHORA CON QUE ES UNA NAVE ESPACIAL

YO SÉ QUE ES UN CASTILLO ENCANTADO

¿SABÉS, MATÍAS? EN ESE ÁRBOL QUE ESTUVISTE NOSOTRAS JUGÁBAMO A QUE ERA UN CASTILLO ENCANTADO

CADA RAMA ERA UNA TORRE, CADA HORQUETA ERA UNA ALMENA, Y CADA RAÍZ ERA UN PUENTE LEVADIZO

NOS PASÁBAMOS EL DÍA AHÍ ARRIBA SIN GASTAR UN PESO

¿POR QUÉ?

POR EL MONEDERO DE MI MAMÁ

CREO QUE AHÍ ELLA TENÍA LA FOSA CON EL COCODRILO

ASÍ ES, MATÍAS... CUANDO YO ERA CHICA JUGABA A QUE EL ÁRBOL ERA UN CASTILLO ENCANTADO

PERO UNA VEZ ENCONTRAMOS UN PAJARITO MUERTO Y LO ENTERRAMOS AL PIE DEL ÁRBOL, Y DESDE ENTONCES ESPERÁBAMOS QUE EL FANTASMA DEL PAJARITO APARE-CIERA POR EL CASTILLO

HASTA QUE UNA NOCHE APARECIÓ UN BICHITO DE LUZ Y TODAS CREÍMOS QUE ERA EL FANTASMA DEL PAJARITO

¡ME DA MIEDO, MA'!

NO TE PREOCUPES, MATÍAS... ¡LOS FANTASMAS NO EXISTEN!

¡ NO..! SI A MÍ LO QUE ME DA MIEDO ES QUE YA NO EXISTAN LOS BICHITOS DE LUZ

CUANDO ÉRAMOS NENAS, CON MIS AMIGAS ENTERRAMOS EL PAJARITO MUERTO AL PIE DEL ÁRBOL... ¡SIEMPRE ME ACUERDO DE ESO!

UNA SEMANA DESPUÉS, UNA CHICA LE PUSO UNA PIEDRA CON EL NOMBRE AL PIE DEL ÁRBOL... ¡ SE LLAMÓ "PIPÍ"!

¡ ELIGIÓ BIEN EL NOMBRE! ¡ SE INSPIRÓ EN EL CANTO DE LOS PAJARITOS!

NO... EN LOS PERROS

TODOS PASABAN Y LE HACÍAN "PIPÍ"

73

¡JA! ¡TOQUÉ UN MURCIÉLAGO! ¡CAPAZ QUE ME CONTAGIÓ SUS PODERES Y PUEDO ORIENTARME POR RADAR!

¡SÓLO TENGO QUE GRITAR Y GUIARME POR EL ECO!

¡AAAAAA!

¡CALLATE!

¡NO HAY DUDAS!... ¡ES POR AQUÍ!

MIRÁ, MÁ... ¡TENGO LOS PODERES DEL MURCIÉLAGO! ¡ME GUÍO POR EL ECO, SIN VER!

MIRÁ QUE BIEN, MATÍAS... ¿Y QUÉ OTRO PODER DE MURCIÉLAGO TENÉS?

ME PUEDO COLGAR DE CABEZA, SEGÚN CONSTA

75

MATÍAS... QUERÍA HACERTE UNA PREGUNTA

¿HICISTE TUS DEBERES?

CASI

¿QUÉ QUIERE DECIR "CASI"?

COLÓN... ARITMÉTICA... SUSTANTIVOS... INGLÉS...

MA'... NO QUIERO IR A LA ESCUELA

OKEY, MATÍAS... ¡VENÍ A MI CAMA Y TE CUENTO UN CUENTO!

...Y YA QUE TE LEVANTÁS PONÉ A CALENTAR UN POCO DE AGUA, Y AGREGALE CAFÉ SOLUBLE Y UN CHORRITO DE LECHE...

...A LAS GALLETAS PONELES DULCE, PERO NO MUCHO Y CUIDADO CUANDO TE PONÉS EL GUARDAPOLVO DE NO ENSUCIARLO... NO TE OLVIDES LA MOCHILA... TE ADORO, Y CERRÁ FUERTE LA PUERTA CUANDO SALÍS... ¡Y APURATE QUE LLEGÁS TARDE!

¡QUÉ RARO! ME PARECE QUE A ESTE YA ME LO HABÍA CONTADO

EN LAS VACACIONES YO HICE TODOS LOS DEBERES, SEÑORITA

HICE EL MAPA DE ARGENTINA... HICE LAS CUENTAS... ESTUDIÉ LOS INCAS... ESTUDIÉ LA POESÍA... APRENDÍ LAS ESDRÚJULAS...

EL ESTUDIO INTENSO HA DADO SUS RESULTADOS Y POR FIN APRENDÍ LO QUE NO SABÍA

APRENDÍ A DETESTARLA, SEÑORITA

YO HICE TODAS LAS TAREAS DE LAS VACACIONES, SEÑORITA

APRENDÍ TODO, SEÑORITA... ADEMÁS ESTUVE REPASANDO LA TABLA DEL 7 QUE LA TENÍA FLOJA! 7x1 ES 1o1... 7x2 ES 1o1... 7x3 ES 1o1... 7x4 ES 1o1...

AHÁ'...¿Y CUÁNDO LAS REPASASTE, MATÍAS?

NO VALE LA PENA MENCIONARLO, SEÑORITA

FUE MIENTRAS VEÍA "LOS 1o1 DÁLMATAS"

EN LAS VACACIONES HICE TODOS LOS DEBERES Y TAMBIÉN ESCRIBÍ LA COMPOSICIÓN DE TEMA LIBRE, SEÑORITA

ELEGÍ EL TEMA: ¿POR QUÉ ALGUNAS MUJERES SE QUITAN LOS PELITOS CON CERA?

¡AY, MATÍAS...! EL TEMA "LA VACA" HUBIERA SIDO MEJOR

TIENE RAZÓN, SEÑORITA... ¡NO SE ME HABÍA OCURRIDO!

MI PRÓXIMO TÍTULO VA A SER: "¿POR QUÉ ALGUNAS VACAS SE QUITAN LOS PELITOS CON CERA?

@SENDRA

ADEMÁS DE HACER LA TAREA, EN LAS VACACIONES ESTUDIÉ LAS REGLAS DE ORTOGRAFÍA, SEÑORITA

REGLA 1: ANTES DE "BE" O "PE" SE ESCRIBE "EME".
REGLA 2: DESPUÉS DE "CU" SE ESCRIBE LA "U".
REGLA 3: SI HAY "TE" SE ACOMPAÑA CON GALLETITAS

@SENDRA

JE

¿Y? ¿USTED NO SE RÍE, SEÑORITA?

NO

REGLA 4: SI NO HAY "JE" ES QUE TE HICIERON "POPÓ"

79

MÁ... ¡A ESTE JUEGO NO LO ENTIENDO! TIENE UNOS PALITOS... UN RESORTE Y UN HILO LARGO

QUÉ SÉ YO, MATÍAS

¡EXPERIMENTÁ! ESTIRÁ EL RESORTE...

...SOLTALO...

STOING

SÍ, CLARO... ¡Y DESPUÉS ENTABLILLATE EL DEDO CON LOS PALITOS Y EL HILO LARGO!

¡LISTO, MÁ...! YA APRENDÍ A JUGAR CON ESTE JUEGO DIDÁCTICO. ¡AQUÍ EXPLICA TODO!

DICE: "UNA TODAS LAS PIEZAS "A", "B" Y "H" CON LAS JUNTAS "C", "L" Y "K". PÉGUELAS USANDO EL ADHESIVO "J" CON LA ESPÁTULA "F" SOBRE LAS SUPERFICIES "Z" Y "W", DEJANDO AFUERA AL ELEMENTO "O"

¡MÁ...! ¿CUÁL ES EL ELEMENTO "O" QUE DEBE QUEDAR AFUERA?

NO SÉ, MATÍAS... PERO CUANDO TERMINES VENÍ A TOMAR LA LECHE

BUENO, PERO AHORA NO PUEDO

ACABO DE DESCUBRIR QUE SOY EL ELEMENTO "O" QUE DEBE QUEDAR AFUERA

83

¡MÁ...! ME QUEDÉ ENCERRADO ADENTRO DE MI JUGUETE DIDÁCTICO ¿QUÉ HAGO?

ESPERÁ, MATÍAS... ¡AHORA NO PUEDO!

ESTOY VIENDO UNA TELENOVELA HISTÓRICA HERMOSA... ¡DESPUÉS VOY!

¡UGH! ME TEMO QUE ELLA TAMBIÉN SE QUEDÓ ATRAPADA EN SU JUGUETE DIDÁCTICO

¡DALE, MÁ! ¡AYUDAME, QUE ME QUEDÉ ENCERRADO EN EL JUGUETE QUE VOS ME REGALASTE

ESPERÁ, MATÍAS... ¡ESTÁ SONANDO EL TELÉFONO!

RiiiiNG RiiiNG

LO ATIENDO Y VOY A AYUDARTE

RiiiiNG RiiiiiiNG TRCRiiNNG

¡SÓLO A VOS TE PUEDE PASAR ESO!

RiiiNG RiiiNG

¡HOLAAA! ¿DIGA?

HOLA, SEÑORA... ¿ESTÁ, MATÍAS?

Títulos de la colección Yo Matías